법륜 · 여섯

옛 이야기

- 빠알리 주석서에서 모음 -

최윤정 옮김

고요한소리

STORIES OF OLD

Gathered from the Pāli Commentaries

The Wheel Publication No. 59

Buddhist Publication Society

Kandy, Sri Lanka 1963, 1980

일러두기

· 이 책에 나오는 경經의 출전은 영국 빠알리성전협회PTS에서 간행한 로마자 본 빠알리 경임.
· 로마자 빠알리어와 영문 책 제목은 이탤릭체로 표기함.

차 례

들어가며

여기 소개하는 이야기들은 빠알리 경전에 대한 옛 주석서에서 발췌한 것이다. 이 주석서들은 서기 5세기경 붓다고사〔覺音 또는 佛音〕 존자가 스리랑카에서 편찬, 번역한 것이다.

처음 나오는 다섯 이야기는 고대 스리랑카를 무대로 한다. 첫 이야기에 나오는 '로하나'(또는 '루후누')는 고대 스리랑카 남부에 존재했던 왕국의 이름으로 지금도 스리랑카 남부 지방을 통칭해 '루후누'라고 부른다. '띳사마하아라아마' 인근 정글 일대에 '로하나' 왕국의 왕성 '마하아가아마'(또는 '마아가마')의의 유적들이 지금까지 남아있다. 또한 '찟딸라빱바따' 사원은 《청정도론》[1]에 아라한들의 거주지로 자주 언급된 곳인데, 현재 '띳사마하아라아마'에서 18마일 쯤 떨어진 '얄라' 국립공원 내에 위치한 '시뚤빠우워' 유적이 그곳이다.

---

1 〔역주〕《청정도론淸淨道論 *Visuddhimagga*》: 붓다고사가 지은 남방 상좌부 불교의 교리를 집대성한 백과사전적 해설서.

밀락카 땃사가 아라한이 된 이야기

약 2000년 전 로하나 왕국 수도 마하아가아마 근처에 사냥꾼 집안 출신의 한 젊은이가 살고 있었다. 그의 집 근처에 웅장한 규모의 가아멘다와알라 사원이 있었다.

장성하자 그는 아내를 얻어 가정을 이루기로 작정하고, 숲속에 덫을 놓아 짐승을 잡고 고기를 내다 팔고 이익을 남기는 등 악착스레 일을 했다. 몇 년간 그는 정말 열심히 그 일을 했고, 덕분에 돈은 꽤나 벌었지만 장차 고苦를 겪게 될 업業은 정말 많이 짓고 말았다.

어느 날 그는 여느 때처럼 숲에 들어갔다가 시장기가 돌자 그가 놓았던 덫에 걸린 사슴 한 마리를 죽여 고기를 구어 먹었다. 그러자 심한 갈증이 나서 물을 찾았으나 물이 없었다. 물을 찾다 보니 가아멘다와알라 사원까지 먼 길을 걸어가게 되었다.

절에 도착하자 곧바로 마실 물을 비치해 두는 곳으로

갔다. 언제나처럼 열 개의 물동이가 있었지만, 모두 물 한 방울 없이 텅텅 비어 있었다. 잔뜩 목이 타던 판인지라 그는 조금 기분이 상해 언성을 높이고 말았다.

"잘들 하는군! 이렇게 많은 스님들이 살면서도 객을 위해서는 물 한 방울도 준비해 놓지 않은 거야?"

쭐라 뻰다빠아띠까 띳사 장로가 이 고함소리를 들었다. 그래서 나가 보니 물동이에는 하나같이 물이 가득 차 있지 않은가.

'이 사람이 산 채로 아귀가 되어가고 있군.' 하고 속으로 생각하면서도 이렇게 말했다.

"처사님, 갈증이 나시나본데 여기 물이 있으니 마시구려." 하며 그 중 한 물동이에서 물을 퍼 젊은이의 손바닥에다 따라 주었다.[2]

젊은이가 물을 마시는 광경은 마치 벌겋게 달군 냄비에 물을 붓는 것처럼 보였다. 그리고 모든 물동이가 바닥이 드러날 때까지 계속 마셔댔지만 갈증은 조금도 가셔지지 않는 것 같았다.

---

2 〔역주〕 아귀의 눈에는 물이 불로 보여 마실 수가 없어 스님이 염불을 하면서 따라 줄 때만 그 물을 마실 수 있음.

젊은이를 전부터 잘 알고 있던 장로가 말했다.

"보시오. 젊은 처사, 당신은 벌써 반쯤 아귀가 되어 있소. 이게 전부 당신이 저지르고 있는 악업惡業 탓이요. 이러다 당신 어떻게 될 것 같소?"

젊은이는 아무 말도 하지 않았다. 그러나 장로에게 인사를 하고 길을 걸어가는 동안 스님의 그 말이 가시가 되어 마음속에 깊이 파고들었다. 홀연히 그는 자신이 해야 할 바를 깨닫게 되었다. 그래서 그는 돌아다니며 자기가 놓았던 덫을 하나하나 다 부수어 버렸다.

그런 다음 집에 돌아가 아내에게 자기는 식구들을 떠나지 않을 수 없게 되었다고 말했다. 그러고는 가족들이 앞으로 살아갈 수 있도록 그가 할 수 있는 모든 조처를 다 해주었다. 또 그동안 잡아서 우리에 가둬놓았던 사슴과 새들을 다 풀어주고 사냥에 쓰던 창을 꺾어 버린 다음 집을 떠났다.

젊은이는 곧장 사원을 찾아가 자신을 사미로 받아달라고 간청했다. 앞서의 그 장로스님이 말했다.

"처사여, 출가 생활은 무척 힘들다오. 그대가 과연 해

낼 수 있겠소?"

그는 장로스님께 확고하게 대답했다.

"장로스님께서도 보셨듯이, 저의 악업이 너무 무거워서 이 길밖에는 다른 길이 없지 않습니까?"

그래서 장로는 그를 받아들이고 밀락카 띳사란 법명을 지어주었다. 장로스님은 이 신참 사미의 근기에 맞게 신체의 각 부분을 주제로 삼아 명상하는 법을 일러주었다.

그는 부처님의 말씀을 익히고 명상도 하고 또 절에서 자기가 해야 할 소임을 하면서 묵묵히 지냈다.

그러던 어느 날 스승과 함께 경을 읽던 중 사미는 〈데와두따 경〔天使經〕〉(《중부》 130경)의 다음과 같은 글귀를 접하게 되었다.

'그러고는 지옥의 옥졸들이 그를 대지옥으로 도로 던져 넣었다.'

사미가 스님께 여쭈었다.

"스님, 정말 저승 옥졸들은 그 무시무시한 고통을 간신히 빠져 나온 사람을 붙잡아서 도로 대지옥으로 던져 넣습니까?"

"그렇지. 그 모든 것이 오직 자기 업 탓이니까."

"지옥을 눈으로 확인할 수 있습니까, 스님?"

"없지만 그 비슷한 것을 보여줄 수는 있다."

장로는 사미들을 불러서 편편한 바위 위에 젖은 나무더미를 쌓도록 했다. 그런 다음 신통력으로 지옥에서 개똥벌레 크기만한 불덩이를 끌어내서 젖은 나무더미 쪽으로 유도하는 것이었다. 그 날름거리는 지옥불이 닿는 순간 불꽃이 일어나면서 그 젖은 나무더미는 일순간에 재로 변했다.

사미가 스님을 우러러 보면서 여쭈었다.

"스님, 불교에 들어가는 데는 몇 가지 문이 있습니까?"

"두 가지가 있지. 실참實參의 문과 경전연구의 문이 그것이다."

"스님, 경전연구는 머리가 좋은 사람들이나 하는 것이지요. 저는 신심이 굳건합니다. 제가 겪은 고통에 바탕을 두었으니까요. 그러니 제가 실참의 문을 닦도록 허락해 주십시오. 스님, 부디 저에게 맞는 명상주제〔念處〕를 정해 주십시오."

장로는 그에게 해야 할 일을 모두 설명해 준 다음 사물의 진정한 본성을 꿰뚫어 볼 수 있는 통찰력과 선정을 닦는 방법을 설해 주면서 특정 명상주제를 일러 주었다.

그 이후 그는 주로 찟딸라빱바따 사원, 가아멘다와알라 사원, 까아자라가아마 사원 등에 머물면서 맡은 바 소임을 다 잘 해가며 엄격하게 정진을 해 나갔다. 공부를 놓치지 않으려고 애쓰면서 혹시 졸음이 오면 짚을 엮어 적셔서 머리에 얹어 놓고 발은 찬물에 담근 채 앉아 정진했다.

한번은 찟딸라빱바따에서 초야(저녁 6시-10시)와 중야(밤 10시-새벽 2시)에 계속 정진한 다음, 새벽녘에 엄습해 오는 잠을 쫓기 위해 젖은 짚 엮음을 앞머리에 대고 있을 때였다. 그때 동암산東岩山 비탈에서 어떤 사미승이 〈아루나와띠 경〉[3]의 게송을 읊는 소리가 들려왔다.

일어나라. 일어나라.
분발해서 부처님의 말씀을 깨닫도록 힘쓰라.

---

3 〔역주〕 아루나와띠 경 : 《상응부》 1권 155~157쪽

코끼리가 갈대 집을 짓밟아 부수듯
마왕의 군대에 마지막 일격을 가하라.
이 법과 율에서 방일하지 않고 머무는 사람은
생사의 윤회를 벗어나
고苦를 끝내게 되리라.[4]

그에게는 게송 한 마디 한 마디가 모두 자신에게 말하는 것처럼 들렸다. 게송을 듣고 나자 홍수처럼 행복감이 차올랐다. 그것은 바로 삼매에 드는 예고였다. 그러자 마음속에 투명하리만큼 밝은 빛이 생겨나 모든 존재의 조건 지어진 연기성을 그 누구의 도움도 없이 스스로 볼 수 있게 되었다.

그는 불환과不還果[5]를 증득하게 된 것이다. 다시 용맹정진의 노력을 기울여 마침내 아라한위[6]를 곧바로 성취하고

---

4 〔역주〕 《상응부》 1권 157쪽 게송 605

5 〔원주〕 불환과 : 네 가지 성자의 단계 중 세 번째에 도달한 단계. 이젠 인간 세상에 다시 돌아오지 않고 색계色界의 정거천에 태어나 해탈을 성취하게 되므로 불환이라고 불림.
〔역주〕 존재를 윤회하도록 묶고 있는 열 가지 족쇄 중에 처음 다섯 가지 족쇄를 푸는 데 성공한 성자. 〈고요한소리〉 보리수잎·하나 《영원한 올챙이》 주 5, 6 참조

6 〔역주〕 아라한위位 : 나머지 다섯 가지 족쇄를 다 풀어내어 해탈을 성취한 최고위의 성자.

는 그 자리에서 다음과 같은 감흥에 찬 게송을 읊었다.

젖은 짚 머리에 얹어가며
정진하고 또 정진하여,
미망의 어두움을 뚫고
나는 알았네.
한 걸음 남은 그 아라한의 경지를.
이제
모든 굴레 사라졌다네.

(이 이야기는《증지부》의 주석서인《마노라타뿌라니》에서 냐나몰리 스님이 번안한 것이다.)

찟딸라빱바따의 띳사 노스님 이야기

오랜 옛날 띳사라는 사미승이 은사스님을 모시고 띳사마하아라아마[7]에 살고 있었다.

그는 언제부턴가 왠지 모르게 절에서의 생활이 불만스러워서 속가생활로 되돌아가고 싶은 생각에 사로잡혀 번민하고 있었다.

한 동안은 이 망상을 지워보려고 일부러 일거리를 만들어서 승복을 빨고, 물들이고, 발우에 기름을 올리고, 낡은 가사를 깁는 등 온갖 방법을 다 써 보았지만 소용이 없었다. 그래서 마침내 스승 앞으로 나아가 자초지종을 말씀드리게 되었다.

연만하고 덕 높으신 스승은 이미 제자의 마음을 환히 읽고 있었다. 뿐만 아니라 그가 장차 크게 정신적 향상을 이룰 가능성이 있으며, 지금의 불만도 분위기만 개선시

---

7 〔역주〕 띳사마하아라아마 : 스리랑카 남동부의 고도. 고대 로하나 왕국의 수도로 남부지방의 불교 중심지였음.

켜 주면 사라지게 될 것이라는 것도 알고 있었다. 하지만 이래라 저래라 훈계를 해서는 소용이 없고 오히려 역효과를 낼 수도 있으므로 그가 스스로 깨치고 자신의 소질을 발견해 내도록 도와주는 것이 낫겠다고 생각했다.

그래서 노장스님은 단지 이렇게만 말했다.

"띳사여, 우리도 점점 나이를 먹어 가는구나. 그런데 여기 띳사마하아라아마는 비구들이 공동으로 거처하는 곳이어서 우리가 늙어서 편안히 죽을 수 있는 곳이 못 되는구나. 그러니 네가 찟딸라빱바따에 가서 우리가 마음대로 쓸 수 있는 거처를 율장의 규정에 맞춰 한 곳 마련해 보지 않겠느냐?"

사미승은 두말할 것도 없이 좋아라 하고 곧 떠나려고 서둘렀다. 스승이 일렀다.

"그런데 띳사여, 거기 가서 집짓는 일을 하는 동안 잊지 말아야 할 것은 평소에 배운 대로 명상 주제를 놓치지 말고 수행을 규칙적으로 하여 거르지 않도록 명심 하는 것이니라."

사미승은 스승님 말씀대로 따르겠다고 약속했다. 그리

고 스승을 떠나서 70리나 떨어진 찟딸라빱바따를 향해 숲속 길을 걸어갔다. 그곳에 도착하자 그는 먼저 숲속에 있는 절에 가서 숙소를 정한 후 스승의 거처를 짓기에 알맞은 장소를 찾기 시작했다. 마침내 지붕감으로 알맞게 튀어나온 바위 하나를 찾아냈다.

그는 그 절의 스님들의 동의를 받은 후, 다른 동물들의 둥우리나 심지어 개미집이 파괴되는 일이 없는지 샅샅이 살펴보았다. 그러고는 주위를 말끔히 정돈하고 바위 아래 땅을 고르기 시작했다. 바위를 지붕으로 삼고 그 밑으로 벽을 쌓은 다음, 문과 창을 달았다. 그러고 나서 석굴 안을 고르고 다져 바닥을 만들고, 문 앞에는 디딤돌을 놓았다. 또 바깥에는 경행대[8]를 길게 닦아서 왔다 갔다 걸으며 경행을 할 수 있도록 했다. 가구로는 침대 하나와 의자를 만들었다.

이 모든 일을 하는데 힘도 많이 들고 시간도 많이 걸렸지만 그래도 일하는 동안에 줄곧 《상응부》를 익히고 또

---

8 〔역주〕 경행대 : 좌선을 하다가 몸을 풀기 위해서 천천히 걸으면서 참선〔行禪〕을 하도록 흙을 고르어 곧게 닦은 일정한 길이의 길.

하루도 빠짐없이 일정한 시간을 명상주제〔念處〕를 참구하는 데 바쳤다. 그런데 신기하게도 그가 석굴을 완성한 같은 날에 《상응부》 공부도 마치게 되었고 또 상당한 정도의 삼매〔定〕를 이루는 데도 성공했다.

세 가지 일이 모두 동시에 결실을 맺게 되자 흡족한 마음이 되어 그 다음 날 띳사마하아라아마로 돌아갔다.

스승을 뵙자 띳사는 의기양양하게 말씀드렸다.

"스님, 석굴 작업이 다 끝났습니다. 이제 가서 지내실 수 있도록 만반의 준비가 갖추어졌습니다."

노장스님은 눈을 감은 채 잠시 침묵했다. 그러고는 쳐다보지도 않은 채 조용히 말씀하셨다.

"띳사여, 이번 일이 너에게는 매우 힘들었지? 그런데도 열심히 잘해냈다. 이제 너는 이 길로 되돌아가서 오늘밤을 그 석굴에서 혼자 나도록 해라."

사미승은 깜짝 놀랐다. 그러나 두말 않고 스승이 시키는 대로 선걸음으로 찟딸라빱바따를 향해 먼 길을 되돌아갔다. 도착했을 때는 피곤했다. 그러나 발을 씻고 석굴 속으로 들어가 가부좌를 틀고 앉았다. 해는 이미 지고 밤의 정적이 주위를 에워쌌다. 그 맑은 고요 속에서 그는 자신이 해낸 일을 차근차근히 되돌아보았다. 그러자 이런 생각이 일어났다.

"참으로 나는 이 일을 다른 생각 없이 오로지 스승님을 향한 사랑만으로 해냈구나."

이런 생각이 그의 마음속에 오래 지속되더니 갑자기 희열이 솟구쳐 마치 큰 파도가 와서 부서지듯 그의 온 몸을 휩쌌다.

이 상서로운 순간, 모든 조건이 그를 받쳐주었으며, 그 힘에 의해 희열을 넘어서 통찰의 경지를 이룰 수 있었다. 그는 자신이 지금 겪고 있는 경험이 어떠한 조건들에 기인하여 이처럼 전개되는지를 환히 볼 수 있었고, 이 통찰력을 뻗치어 삼계[9]를 두루 빠짐없이 관할 수 있었다.

그는 일체의 존재가 무상無常과 고苦와 무아無我의 법칙에 따르지 않는 것은 하나도 없다는 것을 보았다. 즉 모든 생하는 것은 반드시 멸한다는 것을 본 것이다. 그는 여기서 그치지 않고 밤을 새워 통찰 지혜를 힘차게 밀어

---

9 〔역주〕 삼계 : 존재의 전 영역인 욕계欲界 · 색계色界 · 무색계無色界.

붙인 끝에 마침내 모든 갈애를 소멸하였다. 일체의 번뇌가 사라지면서 그는 아라한 성위에 도달한 것이다.

세월이 많이 흘렀다. 스승은 이미 오래 전에 입적하셨고 사미 띳사는 장로 띳사가 되어 바로 그 석굴에서 생을 마치고 무여의열반無餘依涅槃[10]을 이루었다.

사람들은 그를 찟딸라빱바따의 띳사 노스님이라고 불렀다. 그들은 탑묘를 세우고 그의 사리를 안치한 다음 이를 띳사의 탑묘라 불렀다.

(이 이야기는 《증지부》의 주석서인 《마노라타뿌라니》에서 냐나몰리 스님이 번안한 것이다.)

---

10 〔역주〕 무여의열반 : 금생에 해탈을 이룬 분이 전생의 업과業果인 육신마저 버릴 때 이를 무여의열반이라 함.

담마딘나 스님의 교화

1. 마하아나가 장로를 일깨우다

딸라앙가라에 주석하고 있던 담마딘나 장로는 수많은 비구 대중을 가르치던 스승으로서 네 가지 분석지[11]를 구족한 분으로 번뇌를 소멸시킨 위대한 스승〔누진통漏盡通을 이룬 아라한이란 뜻〕 중의 한 분이셨다.

하루는 정진처에서 좌선을 하고 있던 중 문득 궁금증이 생겼다.

'웃자와알리까에 계시는 우리 스승 마하아나가 장로는 출가자의 본분사를 다 해 마치셨을까, 아니면 아직도 못 마치셨을까?'

그리고 천안으로 보니 스승은 아직도 범인에 머물러

---

11 〔역주〕 네 가지 분석지分析智: 한역은 사무애지四無碍智 또는 사무애해四無碍解. 법의 이해와 표현에 걸림이 없는 지혜. 사무애는 의義〔가르침의 뜻〕무애, 법法〔가르침 내용〕무애, 사詞〔언어의 해석〕무애, 변辯〔표현〕무애이다.

있으며, 자신이 가서 도와주지 않으면 범부로서 생을 마치고 말 형편이었다. 그는 신통력을 써서 공중으로 치솟아 올라 정진처에서 좌선하고 있는 스승의 근처에 조용히 내려섰다. 그는 스승께 예를 갖추어 절한 다음, 한쪽에 자리 잡고 앉았다.

"담마딘나여, 어찌 이렇게 불쑥 나타나셨소?"

"스님께 여쭈어 볼 것이 있어서 왔습니다."

"물으시지요. 도반이여, 알고 있는 것은 모두 답해 드리리다."

그는 이것저것 많은 질문을 했다. 마하아나가 장로는 묻는 족족 거침없이 대답을 했다.

"스님, 스님의 지혜가 참으로 수승하시군요. 언제 이런 경지에 도달했습니까?"

"60년 전이라오."

"신통력을 쓰실 수 있습니까, 스님?"

"그야 어렵지 않소."

"그럼, 코끼리를 만들어 보십시오. 스님."

마하아나가 장로는 전신이 새하얀 코끼리를 만들었다.

"그럼, 그 코끼리가 두 귀를 쭈뼛하게 세우고 꼬리를

뻗치고 코를 입에 넣어 무서운 나팔소리를 내면서 곧바로 스님을 향해 돌진하게 해보십시오."

장로는 그렇게 했다. 돌진해 오는 코끼리의 무서운 형상을 보자 그는 벌떡 일어나 도망치려 했다. 그러자 이미 번뇌가 소멸된 제자가 손을 뻗어 가사자락을 붙잡고 말했다.

"스님, 번뇌가 소멸된 사람에게도 두려움이 남아 있습니까?"

그러자 스승은 자신이 아직도 범부라는 것을 깨달았다.

그는 담마딘나의 발 앞에 무릎을 꿇고 말했다.

"도반 담마딘나여, 나를 도와주오."

"스님, 도와드리지요. 그러기 위해서 온 걸요. 염려 마십시오."

그리고 그에게 명상주제를 설해 주었다. 스승은 그 명상주제를 받고서는 경행대에 올라서자 세 발짝만에 아라한과에 도달했다.

2. 마하아띳사 장로를 일깨우다

마하아띳사라는 장로가 있었는데 그는 일찍이 사미 때부터 여덟 가지 선정[12]을 이룰 수 있었다.

이 선정의 힘 때문에 내면 깊숙이 숨어 있는 번뇌의 때가 밖으로 표출되지 않았고, 또 지식도 훌륭했기 때문에 누구의 눈에도 그는 성스러운 팔정도에서 조금도 벗어나는 일이 없는 아라한으로 보였다.

그 자신도 지난 60년 간 자기가 아직도 범부이며, 아라한이 아니라는 사실을 모르고 있었다.

그러던 어느 날, 딸라앙가라에 주석하고 있는 담마딘나 장로에게 마하아가마에 있는 띳사마하아위하아라의 비구 대중들로부터 방문해 달라는 전갈이 왔다. 그곳에 가니 대중들은 계를 설해 달라고 청했다. 그는 말했다.

"달리 마땅한 분이 없다면 나의 참선 지도 스승이신 마하아띳사 장로를 증명법사로 모시는 것이 어떻겠소. 그러면 내가 계사를 맡지요."

---

12 〔역주〕 여덟 가지 선정 : 초선부터 사선까지의 사선정四禪定과 공무변처空無邊處 · 식무변처識無邊處 · 무소유처無所有處 · 비상비비상처非想非非想處의 사처정四處定.

여러 비구들에 둘러싸여 그는 장로의 거처로 갔다. 장로에게 절을 올리고 한 옆에 앉았다.

장로가 말했다.

"어서 오시오. 담마딘나, 그대가 여기 다녀간 지 꽤 오래 되었소."

"네, 스님. 띳사마하아위하아라에서 비구 대중이 저에게 계를 설해 달라는 부탁을 해 왔습니다. 스님이 증명법사를 맡아 주신다면 저도 가볼까 합니다."

한참 동안 우정 어린 얘기를 나눈 뒤 담마딘나가 물었다.

"언제 이런 경계에 도달했습니까, 스님?"

"무려 60년이나 되오, 담마딘나."

"그럼 그 경계를 지금 보여줄 수 있습니까?"

"그야 문제없소, 도반이여."

"그럼 연못을 만들어 낼 수 있습니까, 스님?"

"도반이여, 그건 어렵지 않소."

그 즉시로 그들의 맞은편에 연못을 하나 만들어 내었다.

"거기에다 연꽃의 줄기를 하나 만들어 보십시오, 스님."

장로가 그렇게 했다.

"이제는 커다란 연꽃을 피게 하십시오."

연꽃이 만들어졌다.

"그 꽃 속에 16살 난 처녀의 형상을 보여 주십시오."

장로는 말하는 대로 해 내었다.

그러자 담마딘나가 말했다.

"스님, 그 소녀를 두고 아름답다고 거듭해서 생각해 보십시오."

장로가 담마딘나의 말대로 자기가 만들어 낸 형상을 보고 있자니 욕정이 일어났다. 이렇게 해서 자신이 아직도 범부임을 알아차리자 자기의 제자 옆에 무릎을 꿇으면서 말했다.

"도반이여, 부디 나를 도와주오!"

"스님, 그러기 위해 제가 온 것입니다."

그는 장로에게 부정不淨을 수관隨觀하게 해서 마음을 고요하게 한 다음, 명상주제를 설해주고는 방 밖으로 나왔다. 장로는 부정관不淨觀을 수행해서 자신의 신통력과 욕정이라는 심행心行으로 일으킨 형성력〔行〕13을 다 해체

시킨 후 정진처를 나왔을 때는 이미 네 가지 분석지를 성취하고 아라한과를 이루었다.

그런 후 담마딘나는 그를 증명법사로 모시어 띳사마하아위하아라로 가서 계율을 설했다.

(이 이야기는 《증지부》의 주석서인 《마노라타뿌라니》에서 냐나몰리 스님이 번안한 것이다.)

---

13 〔역주〕 형성력〔行〕 : 12연기법의 두번째 항목. 빠알리어로 *saṅkhārā*, 영역으로는 formation, activity, condition, 한역으로는 行, 諸行 등으로 표현됨. 〈고요한소리〉 보리수잎·열다섯 《참 고향은 어디인가》 2017, 15쪽 참조

마하아시와 장로

마하아가아마에 있는 띳사마하아위하아라에 마하아시와라는 장로가 있었는데 많은 제자들에게 삼장三藏[14]을 가르치고 그 뜻도 새겨주는 훌륭한 스승이었다.

그의 지도를 받아서 대단히 많은 비구들이 성위聖位[15]에 도달했다.

이들 중 한 비구는 진리를 완전히 통찰한 데서 일어나는 큰 기쁨을 맛보았다. 그러자 이런 생각이 일어났다.

'우리 스승님도 이런 즐거움을 누리고 계실까?'

이 문제에 마음을 모아 보니 마하아시와 장로는 아직 성위에 들지 못하고 있었다. 그는 생각했다.

'옳지. 이렇게 하면 노장에게 절박한 마음을 일으킬 수 있겠군!'

그는 자신의 거처에서 나와 장로를 찾아갔다.

예를 차려 인사를 올리고는 자리에 앉았다. 장로가 물

---

14 〔역주〕 삼장 : 율장 · 경장 · 논장을 말함.

15 〔역주〕 성위 : 여기서는 아라한과를 말함.

었다.

"웬일이요? 탁발승이여."

"스님, 짬을 내주시면 법을 조금 배울까 해서 왔습니다."

"벗이여, 배우고 있는 사람이 많아서 따로 시간을 낼 수가 없소."

하루 낮과 밤을 꼬박 기다려도 틈이 나지 않자 그는 장로에게 말했다.

"스님, 이처럼 시간이 안 나서야 죽음을 맞을 시간은 있겠습니까?"

그러자 장로는 생각했다.

'이 사람은 배우러 온 것이 아니구나. 나에게 절박감을 일깨워 주려고 왔구나.'

그 비구가 말했다.

"스님, 장로 비구시라면 적어도 이 정도는 되어야 하지 않겠습니까?"

그러고는 스승에게 예를 드린 후 사파이어처럼 짙푸른 하늘로 치솟아 오르더니 사라져갔다.

그가 떠나간 후로 장로는 절박감에 가득 차게 되었다.

낮 설법과 저녁 설법을 마친 후 발우와 가사를 챙겨놓고 새벽 설법을 하였다. 그런 다음 발우와 가사를 가지고, 길을 떠나는 다른 비구와 같이 절을 나왔다. 그는 탁발승의 열세 가지 숲속 고행[16]을 하기로 작정했다.

그는 마을에서 떨어진 곳에 삐죽 튀어나온 바위 아래를 거처로 정했다. 석굴을 마련하면서 그는 침대와 의자를 포기했다. 마음속으로 굳은 서원을 세웠다.

'성위聖位에 오르기 전에는 내 맹세코 침상에 침구를 펴지 않으리라.'

그리고 경행을 하기 시작했다.

'오늘은 내가 성위에 들어야지! 오늘은 내가 성위에 들어야지!' 하면서 공부에 전념하고 있는 동안 어느 새 자자일自恣日[17]이 다가왔다.

자자일이 가까워지자, '범부의 상태에서 벗어나야지! 청정해져서 자자일을 축복해야지!' 하면서 어떻게나 애를

---

16 〔역주〕 숲속 고행 : 〈고요한소리〉 보리수잎·둘 《마음 길들이기》 주3 참조

17 〔원주〕 자자일自恣日 : *pavāraṇā*의 원뜻은 초청한다는 의미이다. 우안거가 끝나는 날에 갖는 행사로, 결제 기간 동안 자신이 범한 잘못을 빠짐없이 고백하기 위하여 자신이 혹시 알지 못하고 있는 잘못이 없는지 대중에게 지적해 주도록 청하는 것.

썼던지 아주 파김치가 될 지경이었다. 그런데도 도道도 과果[18]도 이루지 못한 채 자자일을 넘기고 말자 그는 생각했다.

'나처럼 통찰 수행을 가르치던 사람도 얻을 수 없다니! 아아, 아라한과를 얻는다는 것은 참으로 어렵구나!'

주로 서 있거나 경행하기를 위주로 계속 정진을 하면서 그는 무려 30년이나 절 소임을 했다.

그러던 어느 날, 대 자자행사가 진행되고 있을 동안 그는 둥근 보름달을 쳐다보면서 생각했다.

'어느 쪽이 더 청정한가? 저 둥근달인가, 아니면 나의 계행戒行인가?'

그에게 이런 생각이 떠올랐다.

'달 표면에는 토끼의 상이 있다. 그러나 비구계를 받은 이후 오늘 이 순간까지 나에게는 어떤 오점도 때도 없다.'

그러자 희열과 기쁨이 충만해졌다. 그의 지혜가 이미 성숙해 있었기 때문에 그는 희열을 누르고 네 가지 분석지分析智와 더불어 아라한위位에 도달했다.

---

18 〔역주〕 도와 과 : 도는 사향四向, 과는 사과四果를 말함. 〈고요한소리〉 보리수잎 · 셋 《세상에 무거운 짐, 삼독심》 주1 참조

(이 이야기는 《증지부》의 주석서인 《마노라타뿌라니》에서 냐나몰리 스님이 영역한 것이다.)

띳사부우띠 장로 이야기

띳사부우띠라는 장로가 깔라가아마에 있는 대 만달라 아라아마 사원에 머물기 위해 왔다. 탁발하러 마을에 들어갔다가 한 여성을 보자 불현듯 욕정이 일어났다. 그러자 서 있던 자리에서 움직이지 않고 가만히 선 채로 탁발한 쌀죽을 시자의 발우에다 부어 주었다.

그는 관觀 수행으로 그 부정한 생각을 억누른 다음 절로 돌아왔다. 그런데 꿈에 다시 그 생각이 일어났다. 그는 곰곰이 생각했다.

'만약 이 생각이 더 커지면 나를 사악도[19]로 끌어가고 말 것이다.'

그는 자기 스승에게로 갔다. 절을 올린 다음 한 옆으로 비켜서서 말씀드렸다.

"저는 병에 걸렸습니다. 그 병을 고치게 되면 돌아올 것입니다. 낮 예불시간과 저녁 예불시간에는 참례를 하

---

19 〔역주〕 사악도 : 지옥·아귀·축생·아수라의 네 가지 괴로운 세계.

지 못할 것입니다. 그러나 내일 아침 예불에는 참례를 할 것입니다."

그는 마하아상가락키따 장로에게 갔다. 마침 장로께서는 자기 초옥을 고치는 중이었다. 장로는 그를 쳐다보지도 않은 채 말했다.

"벗이여, 발우와 가사를 내려놓으시게나."

"스님, 저는 병에 걸렸습니다. 만일 저의 병을 고쳐 주실 수 있으시다면 내려놓겠습니다."

"벗이여, 그대의 병을 고쳐 줄 수 있는 사람을 제대로 찾아왔네. 내려놓게나."

그는 생각했다.

'우리의 스승이신 큰스님 말씀이 명쾌하구나. 모든 사정을 알고 있지 않다면 이처럼 말씀하시진 않으리라.'

그래서 발우와 가사를 내려놓았다. 그러고는 장로에게 예를 올린 후 한 옆에 앉았다. 장로스님은 그가 호색적 기질의 사람인 것을 알고 있었다. 그래서 명상주제로 부정관不淨觀, 즉 죽은 몸이 썩고 부패하고 붕괴되어가는 점진적 단계를 수관하는 수행을 상세히 일러주었다.

그러자 띳사부우띠는 자리에서 일어났다. 발우와 가사를 걸머진 다음 장로에게 여러 번 경의를 표했다.

"왜 그런 인사를 하지, 떳사부우띠여?"

"스님, 제가 할 일을 잘해내면 다행이지만, 그렇지 못하면 이것이 스님을 뵙는 마지막이 될 것입니다."

"가거라. 벗 떳사부우띠여, 그대처럼 목숨을 걸고 수행하는 사람은 선禪도, 통찰通察도, 도道도 과果도 얻기가 어렵지 않을 것이네."

장로에게 정중히 대답을 하고 인사를 한 다음 그는 오면서 보아 두었던 한 관목 그늘 밑으로 갔다. 거기에 자신의 분소의糞掃衣[20]를 편 후 그 위에 가부좌를 하고 앉았다. 그리고 신체의 부정不淨함을 눈앞에 똑똑히 수관하기 시작했다. 그는 관을 확립하여 오관의 감각적 욕구에 대한 탐심을 완전히 끊어내는 정진에 매진한 결과 불환도에 이르렀다. 그러고는 일어나서 스승을 찾아가 경의를 표했다. 다음날 아침 예불시간에 그는 절에 도착했다.

(이 이야기는 《증지부》의 주석서인 《마노라타뿌라니》에서 냐나몰리 스님이 영역한 것이다.)

---

20 〔역주〕 분소의 : 스님들이 입는 옷. 쓰다 버린 천을 주워 깨끗이 빨아 물들여 만들었다고 해서 붙여진 이름.

사비야의 전생이야기

《숫따니빠아따〔經集〕》의 〈사비야 경〉에서 우리는 사비야라는 행각行脚 고행자에 관한 이야기를 접한다. 전생에 사비야의 친척이었던 한 천신이 그에게 나타나서 행각 중에 만나는 고행자나 브라만들에게 이런 저런 질문을 해 보라고 일러준다.

"모름지기 이 질문들을 대답해 내는 사람 밑에서 범행을 닦아야 한다."고 천신은 말했다.

그런데 옛 스승들에 의하면, 그 천신이 전생에 사비야와 꼭 혈연 관계였다는 뜻은 아니고 도반스님이었는데, 마치 부모가 자식에게 하듯이 사비야의 안녕과 향상을 진정으로 걱정했기 때문에 경에서 그렇게 표현했다는 것이다.

그들의 전생 이야기는 다음과 같다.

가섭불迦葉佛[21]은 이미 열반에 드셨지만 그의 가르침이

---

21 〔원주〕 가섭불 : 과거불佛의 한 분.

행해지고 있던 그 시절에 세 고귀한 가문의 아들들이 출가하여 승려가 되었다. 그들은 숲속에 살면서 가끔 가까운 도시에 나와서 그곳의 황금탑에 참배하고 법문을 듣곤 하였다. 그러나 그렇게 잠깐 동안이나마 숲을 비우고 떠나는 것마저도 수행에 방해로 여겨져 '숲속의 거처〔아란야〕를 떠나지 않고 열심히 정진해서 해탈을 이루어 내자.'고 합심을 했다.

그러나 그들은 아무리 노력해도 최소한의 성취조차 거둘 수가 없었다. 마침내 서로 상의를 했다.

'탁발하러 나간다는 것은 아직도 생에 너무 연연하고 있다는 증거이다. 목숨을 보전하는 데 그처럼 급급하다면 어떤 성위聖位에도 이르지 못하고 말 것은 너무나 뻔하지 않은가. 윤회의 굴레에서 벗어나지 못한 채 범부로 죽는 것이야말로 가장 비참하고 부끄러운 일이다.

그러니 험준한 바위 위로 사다리를 타고 올라간 후 사다리를 밀쳐내 버리고 몸뚱이와 생명을 돌봄 없이 사문된 도리를 다하기로 하자!'

그들은 실제로 그렇게 했다.

셋 중에 가장 나이가 많은 이가 선근을 타고났기 때문에 바로 그날로 성위에 도달하고 육신통까지 구족하게 되었다. 신통을 써서 하늘로 솟아올라 히말라야 산으로 갔다. 거기서 공양을 얻어 바위 위에 있는 도반들에게 가지고 왔다.

그러나 이들은 말했다.

"존자시여, 당신은 할 일을 해 마쳤습니다. 당신의 공부는 성취되었습니다. 그러나 아직 해탈을 못한 우리로서는 당신과 얘기하는 것마저도 시간낭비가 될 뿐입니다. 제발 다시는 여기에 오지 말아 주십시오!"

아무리 해도 도반들의 마음이 흔들리지 않음을 알자 장로는 떠나갔다.

이삼일이 지나고 나서 둘 중 하나가 불환과를 이루었으며 다섯 신통[22]을 얻게 되었다.

그리고 첫 번째 장로가 했던 것과 같이 했으나 셋째 도반에게 공양을 받아들이도록 설득하는 데 실패하자 그

22 〔역주〕 다섯 신통 : 선정에 의해 성취하는 신변통 · 천이통 · 타심통 · 숙명통 · 천안통 · 누진통의 육신통 중 마지막 것을 제외한 다섯 신통.

역시 떠나갔다. 그러나 세 번째 스님은 줄기찬 노력에도 불구하고 어떤 높은 단계에도 이를 수가 없었다. 바위에 오른 지 이레째 되던 날 그는 죽어서 욕계천상欲界天上[23]에 태어났다. 같은 날 다른 두 스님도 세상을 떴다. 번뇌가 다한 성인은 반열반[24]에 들고, 불환과를 얻은 성자는 그의 마지막 존재를 사는 정거천淨居天[25]의 최상천에 화생化生[26]했다.

세 도반 중 마지막 사람은 천신으로 태어나 이리저리 돌아다니며 여러 생을 통해 욕계 육천을 두루 편력하면서 거기서 누릴 수 있는 갖가지 복을 마음껏 누렸다. 업이 다하자 그는 그 천상 세계를 떠나서, 우리 석가모니 부처님의 시절에 한 여성 고행자의 태중에 들어가 다시 지상에 태어났다.

그는 사비야라는 이름을 받았고 나이가 들자 집을 나

---

23 〔역주〕 욕계천상 : 육욕천六欲天을 말함. 천계天界 중 가장 낮은 세계. 이 하늘 사람들은 아직 욕락欲樂을 지니고 있음.

24 〔역주〕 반열반 : 앞의 주 10) 무여의열반과 같음.

25 〔역주〕 정거천 : 색계의 제4선천禪天. 불환과를 증득한 성인이 태어나는 하늘. 거기에는 다섯 하늘이 있음.

26 〔역주〕 화생 : 천상계에는 남의 몸을 빌리지 않고 업력대로 화신化身으로 태어남.

와 떠돌이 고행자가 되었다. 그는 뛰어난 논객論客으로 종교적 논쟁에서 일찍이 져본 일이 없어 많은 사람들이 그와 논쟁하기를 두려워했다.

때마침 사비야의 수행시절 도반이었던 정거천 천신의 마음에 사비야의 기억이 떠올랐다. 그래서 보니 사비야는 이 지상에 부처님께서 출현하신 것을 전혀 모르고 있는 것이었다.

그는 사비야를 부처님과 만날 수 있는 길에 세워주기 위해, 경에 나오듯이 몇 가지 질문사항을 가르쳐 주고는 이렇게 말했다. "이 질문들에 능히 대답해 내는 사람 밑에서 수행생활을 영위하라!"

사비야에게 부처님에 관해서는 한 마디도 언급하지 않았는데, 그것은 만일 사비야가 진정한 구도자라면 다른 고행자나 사제들의 천박함을 보게 될 것이며, 결코 부처님을 확인하는 데 실패하지 않으리라는 것을 알고 있었기 때문이다. 그래서 그는 어떻게 현명한 질문을 잘 던질 수 있는지만 가르쳐 주었던 것이다.

경에 나오듯이 사비야는 부처님을 만나게 되었고, 모든 질문에 해답을 얻었다. 그는 비구가 되었고 곧 성위에 도달했다.

(《숫따니빠아따》의 주석서에서 냐나뽀니까 스님이 영역한 것이다.)

붉은 연꽃

한때 세존께서는 사아왓티 근처의 기수급고독원에 있는 기원정사에 머무셨다.

그때 사아리뿟따 존자는 자기에게 계를 받은 한 젊은 비구를 시자로 두었는데, 그는 금세공사金細工師의 아들이었다. 사리불 존자는 생각했다.

'젊은이들의 수행 주제로는 신체의 부정함을 수관하는 것이 적합하다.'

그러고는 욕정을 억누르기 위해 부정관不淨觀을 닦으라고 가르쳤다.

그러나 그 젊은 시자의 마음은 도대체 그 명상주제에 친숙해질 수조차 없었다. 그래서 사아리뿟따 존자에게 그런 사정을 말씀드렸다.

"이 주제는 저에게 도움이 되지를 않습니다."

그러나 사아리뿟따 장로는 생각했다.

'젊은이들에겐 틀림없이 이 주제가 적합할 거야.'

그러고는 똑같은 명상주제를 거듭 지시해 주었다. 그러나 넉 달 동안 애를 쓰고도 그 젊은 시자는 아무런 성과도 얻을 수 없었다. 그래서 사아리뿟따 존자는 그를 세존께 데리고 갔다. 그러자 세존께서 말씀하셨다.

"사아리뿟따여, 그에게 무엇이 적합한지 알아내는 것은 그대의 능력 범위 밖이오. 그런 능력은 부처가 된 사람에게만 있으니 그는 부처에게 지도를 받아야만 되는 그런 사람이오."

그리고 세존께서는 신통력을 써서 눈부시게 붉은 연꽃을 만들어 젊은 비구의 두 손에 놓아주면서 말씀하셨다.

"자, 비구여, 사원의 응달진 모래땅에다 이 연을 심으라. 그리고 가부좌하고 앉아 그것을 바라보며 '붉다, 붉다.' 하고 생각하라."

그 비구는 무려 오백 생 동안 줄곧 금세공사의 가정에 태어났던 것이다. 그래서 세존께서는 '붉은 대상이 그에게 적합할 것이다.' 하고 아셨던 것이다.

그 비구는 시키는 대로 했다. 그러자 그는 곧바로 저

완전한 선정의 최고 상태인 네 가지 선〔四禪〕[27]을 차례로 성취했다. 어떻게나 달통했던지 이 네 가지 선을 차례로 올라가거나 내려오면서 자유자재로 선에 들 수 있었다.

그러자 스승께서는 '연꽃은 시들어라!' 하고 신통으로 변화시켰다.

명상을 마치고 나자 비구는 그 붉은 연꽃이 시들어 퇴색해 있는 것을 보고 생각했다.

'이 빛나던 형상이 이젠 쇠하여 색이 바래져 버렸구나!'

그것을 보고 생생한 무상無常의 인식을 얻게 되자 이를 자기 자신에게 적용시켰다. 그리고 이런 무상수관을 계속하여 그는 마침내 알 수 있게 되었다.

'무상한 것은 고苦다. 고苦인 것은 자아일 수 없다.'

그러자 그에게는 삼계三界가 마치 불꽃 속에 싸여 있는 것처럼 보였다.

그에게서 멀지 않은 곳에 연못이 있었다. 소년들이 그 속에 들어가 연꽃을 따서 연못가에 무더기로 쌓고 있었다.

---

27 〔역주〕 색계 초선, 2선, 3선, 4선의 네 가지 선정 상태.

그 중에 아직 물속에 피어 있는 붉은 연꽃들은 마치 불타는 갈대밭의 널름거리는 불꽃같이 보였고, 떨어지는 붉은 꽃잎은 지옥 속으로 낙하하는 형상으로 비춰졌다. 또 땅 위에 쌓여 있는 시든 꽃무더기들은 꼭 불길에 타 그을린 것처럼 보였다. 이런 광경에 충격을 받고 그는 생의 전개 과정에 대해 수관했다. 그러자 더욱더 삼계가 그에게는 불길 속에 싸인 집〔火宅〕과 같아서 피신처나 안전한 곳이라곤 찾을 수 없을 것 같아 보였다.

그때 세존께서 방에 앉아 몸에서 빛을 발하시니 광채가 그 비구의 몸 위에까지 뻗쳐 얼굴을 덮었다. 비구는 쳐다보며 생각했다.

'저것은 무엇인가?'

그러자 그것은 마치 세존께서 자기 곁에 와 서 계신 것처럼 보였다.

그것을 보자 그 비구는 곧 자리에서 일어나 합장을 하고 예를 올렸다.

스승께서는 그의 시기가 무르익었음을 아시고 다음과 같이 일깨워 주는 게송을 읊으셨다.

마치 연못에 들어가

연 줄기를 뽑듯

온갖 욕망을 끊어버린

비구는 '이 세상'도 '저 세상'도 버린다.

뱀이 낡은 허물을 벗듯이.

《숫따니빠아따》 게송 2

(《숫따니빠아따》의 주석서에서 냐나뽀니까 스님이 영역한 것이다.)

볼품없는 나무

옛날 베나레스에 브라흐마닷따라는 임금이 살고 있었다. 그는 넉 달에 한 번씩 코끼리를 타고 왕실 공원으로 가서 연회도 열면서 떠들썩하게 즐기는 버릇이 있었다.

어느 여름날 그가 공원에 갔을 때 입구에 서 있는 흑단나무에 꽃이 만발하고 잎이 무성한 것을 보고 무심코 꽃 한 송이를 꺾어 들고 공원 안으로 들어갔다.

그를 뒤따라오던 아첨꾼 신하는 '이 꽃에는 뭔가 특별한 것이 있기에 왕이 따셨겠지.' 생각하고 코끼리 등에 앉은 채로 그도 왕이 했던 것처럼 꽃을 한 송이 땄고, 그것을 보고 그 많은 측근 신하들도 한 사람도 빠지지 않고 모두 똑같이 흉내를 내었다. 마침내 꽃이 한 송이도 남지 않고 모두 없어지자 사람들은 잎을 땄다. 꽃도 잎도 다 없어진 그 나무는 앙상한 줄기를 드러낸 채 서 있게 되었다.

저녁에 공원에서 나오던 왕이 그 모습을 보게 되었다.

'저 나무가 어떻게 된 일이지?'

왕은 생각했다.

'내가 공원에 들어왔을 때만 해도 산호와 같은 분홍빛 꽃이 산뜻한 초록색 잎 사이로 빛나면서 저 나무를 아름답게 장식하고 있었는데 지금은 완전히 벌거벗은 채 꽃도 잎도 볼 수가 없구나!'

이렇게 생각하면서 보니 자신의 바로 옆에는 꽃은 하나도 없지만 잎이 무성한 나무가 있었다.

그러자 왕은 다시 생각했다.

'저 나무는, 가지마다 아름다운 꽃들이 무거울 정도로 피어 있어 사람들의 마음을 사로잡았기 때문에 순식간에 재난을 당하고 말았다. 그러나 이쪽 나무는, 시선을 끌만한 아무런 매력이 없기 때문에 상처를 받지 않고 성한 채로 지금껏 남아 있다. 나의 왕위도 저 꽃이 만발한 나무처럼 많은 사람들의 마음을 끌어 욕심을 일으키는 자리일 것이다. 그러나 출가 수행자의 삶은 이 볼품없는 나무처럼 마음을 끌지 않는다. 그러니 나의 왕위가 저 꽃이 핀 나무처럼 짓밟히고 약탈당하기 전에 일찌감치 출가해서 저 볼품없이 잎만 무성한 나무처럼 눈에 띄지 않는 색깔의 수수한 승복으로 바꿔 입고 집 없는 출가생활을 시작하는 것이 현명할 것이다.'

그런 생각을 한 왕은 마침내 왕위를 버리고 승려가 되었다. 그는 관법觀法을 닦아 연각지緣覺智[28]를 깨달았다. 이런 연유로 다음 게송이 읊어지게 된 것이다.

산호색 나무가 무성한 꽃과 잎을 떨구듯,
속인의 옷과 생활을 버리고
황갈색 법의를 걸치고 출가하라.
그리고 무소의 뿔처럼 홀로 행각하라.

《숫따니빠아따》 게송 64

(《숫따니빠아따》의 주석서에서 냐나뽀니까 스님이 영역한 것이다.)

---

28 〔역주〕 연각지 : 홀로 연기법의 이치를 관찰하여 깨달음을 성취한 이의 지혜. 독각獨覺이라고도 함.

살 속에 박힌 가시와 마음에 박힌 가시

옛날 어느 숲 속에 열두 스님이 살면서 관법수행에 전념하고 있었다.

하루는 저녁 예불 종이 울리자 그 중 한 스님이 경행대를 떠나 지름길로 가기 위해 풀밭을 가로질러 갔다.

풀 속에 가려 있던 가시에 그만 발바닥이 찔렸다. 가시는 매우 길고 끝이 뾰족해서 마치 불에 달군 쇠막대가 발을 꿰뚫는 것 같은 통증을 느끼게 했다.

장로는 혼자 생각했다.

'자, 이 가시를 뽑아야 하나, 아니면 우리 마음을 끊임없이 찌르는 마음에 박힌 가시를 뽑아야 하나?'

그는 생각을 계속했다.

'외부의 가시에 찔려서는 악도惡道에 떨어질 염려는 없다. 그러나 내부에서 우리를 항상 해치고 있는 마음에 박힌 가시에는 그런 위험이 따른다.'

그래서 아픈 것을 무릅쓰고 그 밤을 꼬박 경행대 위에

서 왔다 갔다 하며 행선行禪을 했다.

새벽녘에 그는 옆을 지나가는 한 스님에게 손짓을 했다. 그 스님이 가까이 와서 왜 그러느냐고 묻자 이렇게 말했다.

"가시에 찔려 아프다네, 벗이여."

"언제 그렇게 됐습니까?

"어제 저녁이라네, 벗이여."

"스님, 왜 진작 부르시지 않았습니까. 우리가 와서 가시를 뽑고 기름으로 상처를 치료해 드렸을 텐데요."

"나는 깊숙한 내면에서 우리를 항상 아프게 만들고 있는 마음에 박힌 가시를 뽑아내느라 바빴다네, 벗이여."

"그래서 성공하셨습니까, 스님?"

"조금은, 벗이여."

(《상응부》의 주석서에서 냐나뽀니까 스님이 영역한 것이다.)

어떻게 성자를 알아볼 것인가

찟딸라 언덕 위에 있는 사원에 번뇌를 벗어난 한 성자가 살고 있었다. 꽤 나이 들어 계를 받은 한 사미승이 그를 시봉하고 있었다. 하루는 그 나이 많은 사미가 장로를 모시고 탁발을 나갔다. 장로의 발우와 가사를 들고 그 뒤를 따라 가다가 늙은 사미는 장로에게 여쭈었다.

"성자란 분들의 외양은 어떻습니까? 우리가 어떻게 알아볼 수 있습니까?"

장로가 대답했다.

"성자의 발우와 가사를 들고 가는, 한 나이 먹은 사람이 있었는데 그는 성자의 온갖 시중을 다 들며 같이 다니면서도 성자임을 알아보지 못했다. 벗이여, 성자는 그토록 알아보기가 어렵다네!"

그렇게까지 말해 주어도 그 늙은 사미는 알아듣지 못하는 것이었다.

(《상응부》의 주석서에서 냐나뽀니까 스님이 영역한 것이다.)

욕정은 시들 때도 서서히 시든다

"욕정은 서서히 시들어 가는 것이다."고 부처님께서는 말씀하셨다.

옛 스승들은 이를 부연하여, 욕정은 오랫동안 지워지지 않는 그을음과 같은 것이라고 했다. 욕정은 심지어 두세 생애를 계속해서 사라지지 않을 수도 있다. 여기 그 실례가 되는 이야기가 있다.

어떤 사람이 자기 형수와 불륜의 관계를 맺었던 모양이다. 그 여자에게는 남편보다도 시동생이 더 소중했다. 여자가 그에게 말했다.

"우리 관계가 드러나면 얼마나 큰 추문이 퍼지겠어요. 그러니 당신 형을 죽이세요."

그는 깜짝 놀라며 말했다.

"닥쳐, 이 마녀 같으니라고. 다시는 그런 말 하지 마시오."

여자는 아무 말도 안 했다.

며칠이 지난 후 여자가 다시 그 말을 꺼냈다. 그의 마음이 조금 흔들렸다. 며칠 후 여자가 세 번째로 그 말을 하자 남자는 물었다.

"어떻게 해야 기회를 잡을 수 있을까?"

그러자 여자가 방법을 일러주었다.

"제가 말하는 대로 하세요. 어디 어디엘 가면 속이 빈 큰 나무가 있고, 그 곁에는 세수하는 곳이 있어요. 예리한 도끼를 가지고 그 나무속에 숨어 기다려요."

남자는 그 말대로 했다.

형이 숲에서 일을 마치고 집에 돌아오자 여자는 다정한 척 하면서 말했다.

"여보, 이리 와요. 머리를 보아 드릴게요."

머리를 들여다보면서 그녀가 말했다.

"머리가 몹시 더럽군요."

그러고는 미로발란[29]을 짓이겨 반죽한 덩어리를 주고 등을 밀어내며 말했다.

"어디 어디에 가서 머리를 감고 오세요."

---

29 〔역주〕 미로발란 : 열대 지방에서 나는 교목의 열매를 말린 것으로 세척 염료 등의 원료로 쓰임.

그는 여자가 일러준 대로 세수터로 갔다. 미로발란 덩어리로 머리를 문지르고 고개를 숙여 머리를 감기 시작했다.

그때 나무 구멍에서 동생이 나와 도끼로 형의 등을 쳐서 죽이고 집으로 돌아갔다.

죽은 사내는 아내에 대한 애정을 버리지 못하고 그 집에 쥐잡이뱀30이 되어 다시 태어났다.

뱀은 천장에서 여자가 서 있거나 앉아 있는 쪽으로 가서는 그녀의 몸 위로 떨어지곤 하는 것이었다.

"이것은 틀림없이 남편이 재생한 것일 거야."

그렇게 생각한 여자는 사람들을 시켜 뱀을 죽이게 했다.

그래도 여자에 대한 집요한 애정 때문에 그는 다시 같은 집에 개로 재생했다. 여자가 어디로 나서기만 하면 번개같이 쫓아와서 뒤를 따라 나서는 것이었다. 숲속에 가면 숲속에 따라갔다. 사람들이 이것을 보고 여자를 놀려댔다.

---

30 〔역주〕 쥐잡이뱀 : 열대지방에 서식하는 독 없는 큰 뱀.

“사냥꾼이 개를 데리고 나서시는군! 어디로 가는 것일까?”

그래서 여자는 다시 그 개를 죽게 만들었다.

다시 그는 같은 집에 송아지로 재생했다. 마찬가지로 여자가 가는 곳마다 따라 다녔다. 사람들이 여자를 놀리며 말했다.

“암소 떼가 외출하시는군. 저 암소들이 어디를 쏘다니는 거지?”

여자는 당장 송아지를 죽게 만들었다.

그래도 그 사내는 여자에 대한 애정을 끊지 못하여 이번에는 전생에 대한 기억을 간직한 채로 그녀의 태 속으로 들어가 아들로 환생했다.

드디어 그 자신의 지난 네 번의 생이 줄곧 그 여자 손에 죽임을 당한 것을 알아차리게 되자 이렇게 생각했다.

‘내가 그런 원수의 자궁 안에 다시 몸을 받게 되었다니!’

그 다음부터는 여자의 손이 자신의 몸에 닿지도 못하게 했다. 어쩌다 몸에 스치기만 해도 비명을 지르고 우는 것이었다.

그래서 할머니 손에서 자라게 되었다.

세월이 지나 그가 장성하게 되자 할아버지가 물었다.

"얘야, 너는 왜 엄마가 너에게 손도 대지 못하게 했느냐? 그리고 손만 대면 그렇게 소리 내어 울고 비명을 질렀느냐?"

할아버지가 이렇게 묻자 그는 대답했다.

"저 여자는 나의 어머니가 아니에요. 저 여자는 나의 원수예요."

그리고 지난 일의 자초지종을 이야기했다. 이야기를 다 들은 할아버지는 그를 안고 울면서 말했다.

"그래, 얘야. 우리가 이런 곳에 살아야 할 까닭이 어디 있겠느냐."

그러고는 손자를 데리고 한 절로 갔다. 그들은 둘 다 출가해서 스님이 되어 그곳에 살면서 아라한위에 도달했다.

(《증지부》의 주석서에서 냐나몰리 스님이 영역한 것이다.)

반 페니 왕 이야기

오랫동안 인류는 사랑스럽지 않은 것을 사랑스럽다고 믿고 갈구해 왔으며, 불행을 행복이라 믿고 갈구해 왔으며, 무상한 것을 항상 한 것으로 믿고 갈구해 왔으며, 자아가 아닌 것을 자아로 믿고 갈구해 왔다.

생의 실상에 대해 이처럼 전도된 견해를 가지고 있는 사람들에게는 갈애가 자라난다. "무지한 사람의 갈애는 넝쿨처럼 자라난다."는 말은 생의 참된 실상을 알기 위해 고통을 경험해 보지 못한 사람을 두고 하는 말이며, "그런 사람은 숲속의 원숭이처럼 과실을 구하려고 이 나무 저 나무로 뛰어다니게 된다."

부처님의 가르침을 들어보지 못한 범부들일수록 이 갈애의 문제는 극히 심각하다. 그래서 이런 사람들에게서 갈애를 종식시킬 올바른 지혜가 싹트기를 기대한다는 것은 부질없는 일처럼 생각될 때도 많다.

그렇지만 불교를 접해보지 못한 사람일지라도 전생에

닦은 선한 업 때문에 양심의 가책을 받아, 다음 이야기가 보여 주듯이 자신의 성격을 스스로 바꾸게 되는 수가 있다.

먼 옛날 한 노동자가 베나레스의 북문 곁에 살고 있었다. 그는 남의 집에 물을 길어 주고 모은 돈 반 페니[31]를 성문에서 가까운 외성外城의 벽 틈 기왓장 밑에다 감추어 두었다.

그는 물지게꾼으로 생계를 이어 가면서 도시의 남문에 살고 있는 한 가난한 여인과 가끔 어울려 지냈다.

하루는 여자가 그에게 "오늘은 시내에서 축제가 열려요. 당신이 돈만 있다면 가서 즐길 수 있을 텐데." 하고 말했다.

"돈이야 있지."

그가 말했다.

"얼마나요?"

"반 페니."

"어디에 있어요?"

"여기서 열두 요자나[32] 떨어진 북쪽 외성의 한 기왓장

---

31 〔역주〕 페니 : 가장 작은 화폐 단위.

32 〔역주〕 요자나 : 거리 단위, 약 7마일 또는 12마일 등 여러 설이 있음.

밑에 나의 전 재산이 있지. 당신도 혹시 돈이 있소?"

"있고말고요."

여자가 말했다.

"얼마나?"

"반 페니."

"그럼 당신의 반 페니와 나의 반 페니를 합치면 우리는 한 페니를 가졌구려. 한 페니면 화환도 사고, 향수도 사고, 술도 마시고, 오락도 즐길 수 있겠네요."

"가서 그 반 페니를 가져 와요."

여자가 말했다.

"여보, 걱정 말아요. 내가 가서 가져 오리다."

남자는 이렇게 말하고 신바람이 나서 자기 보물을 가지러 갔다. 그의 가슴은 여자와 즐길 생각으로 마냥 부풀어 있었다.

코끼리처럼 튼튼한 그 노동자는 육 요자나를 단숨에 걸어서 정오에는 임금의 궁성 옆길을 지나고 있었다. 대낮의 대지는 뜨겁게 달구어져 그가 디디고 가는 모래 바닥은 불길만 치솟지 않았다 뿐이지 마치 이글거리는 석탄불을 깔아 놓은 것 같았다. 그런 길을 이 사내는 음탕한 노래 가락을 흥얼거리며 가고 있었는데 그 몰골을 볼라치면 더러운 옷은 마치 넝마같이 헤어졌고 그런 주제에도 장식이랍시고 종려나무 잎을 둘둘 말아서 양쪽 귀에 꽂고 있었다.

그때, 베나레스의 임금은 바로 보살(석가모니의 전생)이었으며 이름은 우다야였다. 마침 창문을 활짝 열어 젖히고 바람을 쐬고 있던 우다야 왕의 눈에 이 노동자의 모습이 띄게 되었다. 왕은 이런 호기심이 생겼다.

'이상한 모양새를 한 채 급하게 걸어가고 있는 저 사람의 용무는 무엇일까.'

그래서 왕은 그를 왕궁으로 불러들여 물었다.

"대지는 활활 불타는 석탄으로 변한 것 같고 땅바닥은 불붙은 숯이나 다름없다. 그런데도 너는 음탕한 노랫가락을 부르고 있다. 뜨거운 열기가 너에게는 아랑곳없다는 말이냐? 위로는 태양이 이글거리고 아래로는 모래 바닥이 화끈거린다. 그런데도 너는 너절한 노래 가락을 흥얼거리고 있으니, 도대체 뜨거운 열기가 너를 태우지도 않는다는 말이냐?"

"예 전하. 열기 따위는 저를 태울 수 없습니다. 욕망이 저를 태웁니다. 열정 때문에 어쩔 수 없이 해야만 하는 그 많은 일들, 그것들이 저를 태웁니다. 바깥 열기 때문이 아닙니다."

그러고는 임금님에게 자기의 용건을 알려 주고 이렇게 덧붙였다.

"그 여자가 저를 이 길로 내 보내며 한 말, '가서 반 페니를 가져와요. 그래서 우리 둘이 즐깁시다.'라는 말이 저의 가슴에서 사라지질 않습니다. 그 말을 되새길수록 욕정의 불이 저를 태웁니다."

"그렇지만 이 뜨거운 날씨에 도대체 무슨 생각을 했기에 그렇게 음탕한 노래 가락을 흥얼거리며 걸어간다는 말인가?"

"전하, 다름 아니옵고 돈을 가져가면 그녀와 즐길 수 있으리라는 그 생각이 저를 흐뭇하게 하여 노래가 절로 나온 것이옵니다."

"네가 북문에 감춰두었다는 보물은 한 라크[33]쯤 되느냐?"

---

33 〔역주〕 1라크 : 10만 루피아

"아닙니다. 전하."

"그럼 반 라크쯤 된다는 말이냐?"

"아닙니다. 전하."

이렇게 묻고 또 물어서 마침내 그 사내의 보물이 겨우 반 페니란 것을 알게 된 왕이 이렇게 말했다.

"좋아. 이 사람아, 이런 더운 때에 거기까지 갈 것 없네. 내가 반 페니를 주지."

그러나 사내는 왕의 반 페니와 외성 벽 기왓장 밑의 반 페니를 다 가지고 싶어 했다.

사내의 걸음을 멈추어 주려고 금액을 점점 올리다 보니 무려 1크로아[34]에 이르렀는데도 여전히 그는 반 페니를 가지러 가는 걸음을 그만 두려하지 않았다. 마침내 왕은 그 사람에게 베나레스의 절반을 주겠다고 제안하자 노동자는 비로소 북문을 가는 걸음을 멈추기로 동의하는 것이었다.

그런데 베나레스를 반 분 할 때에도 그는 반 페니를 감추어 둔 북쪽 땅을 택했다고 한다. 그래서 그 노동자는 '반 페니 임금'이란 별명으로 불리게 되었다.

---

34 〔역주〕 1크로아 : 1000만 루피아, 100라크

하루는 두 임금이 어떤 공원에 갔다. 거기서 한참 즐기다가 우다야 왕은 반 페니 왕의 무릎을 베고 잠이 들었다. 그런데 우다야 왕이 자고 있을 때, '반 페니 왕'은 생각했다.

'왜 나는 우다야 왕을 죽이고 베나레스 전체의 왕이 되면 안 된다는 말인가?'

그러자 금방 자책감이 '반 페니 왕'을 사로잡았다.

그래서 우다야 왕을 깨워서 방금 자신의 마음을 스쳐간 불측한 생각을 고백했다. 우다야 왕은 '반 페니 왕'에게 전 베나레스를 내어 주고 '반 페니 왕'의 부왕副王이 되겠다고 제의했다. 그러나 '반 페니 왕'은 말했다.

"저에게는 왕국이 소용없습니다. 전하, 전하의 왕국을 도로 거두십시오. 저는 출가 하겠습니다. 저는 욕망의 뿌리를 보았습니다. 그 뿌리에 대한 생각 때문에 세속의 욕망은 자라납니다. 저는 이제 더 이상 욕망에 찬 생각을 하지 않을 것입니다."

그리고 이렇게 읊었다.

욕망이여, 나는 그대의 뿌리를 보았노라. 그대는 생각에

서 비롯된다. 이제 나는 그대에게 생각을 주지 않을 것이며, 그대도 내 속에 자리할 수 없을 것이다. 작은 욕망으론 만족할 수 없고 큰 욕망은 채워지지 않는다. 깨어있는 사람이라면 마땅히 어리석고 쓸데없는 욕망을 꿰뚫어 보아야 할 것이다.

'반 페니 왕'이 되었던 그 노동자는 속세를 버리고 정진에 힘쓴 끝에 마침내 연각불이 되었다.

(빠알리 경에서 소마 스님이 번안한 것임. 《본생담》 Ⅲ권 421에 의하면 '우다야 왕'이 전생의 부처님이었고 '반 페니 왕'은 아난다 존자였다고 함.)

〈고요한소리〉는

- 근본불교 대장경인 빠알리 경전을 우리말로 옮기는 불사를 감당하고자 발원한 모임으로, 먼저 스리랑카의 불자출판협회BPS에서 간행한 훌륭한 불서 및 논문들을 국내에 번역 소개하고 있습니다.
- 이 작은 책자는 근본불교.불교철학 · 심리학 · 수행법 등 실생활과 연관된 다양한 분야의 문제를 다루는 연간물連刊物입니다. 이 책들은 실천불교의 진수로서, 불법을 가깝게 하려는 분이나 좀 더 깊이 수행해보고자 하는 분에게 많은 도움이 될 것입니다.
- 이 책의 출판 비용은 뜻을 같이 하는 회원들이 보내주시는 회비로 충당되며, 판매 비용은 전액 빠알리 경전의 역경과 그 준비 사업을 위한 기금으로 적립됩니다. 출판 비용과 기금 조성에 도움주신 회원님들께 감사드리며 〈고요한소리〉 모임에 새로이 동참하실 회원을 기다리고 있습니다.
- 〈고요한소리〉 책 읽기와 듣기는 리디북스RIDIBOOKS와 유나방송에서 만나볼 수 있습니다.

• 〈고요한소리〉 회원으로 가입하시려면,
이름, 전화번호, 우편물 받을 주소, e-mail 주소를 〈고요한소리〉 서울 사무실에 알려주십시오.
(전화: 02-739-6328, 02-725-3408)

• 회원에게는 〈고요한소리〉에서 출간하는 도서를 보내드리고, 법회나 모임 · 행사 등 활동 소식을 전해드립니다.

• 회비, 후원금, 책값 등을 보내실 계좌는 아래와 같습니다.

국민은행 006-01-0689-346
우리은행 004-007718-01-001
농협 032-01-175056
우체국 010579-01-002831
예금주 (사)고요한소리

마음을 맑게 하는 〈**고요한소리**〉 도서

금구의 말씀 시리즈

하나　　염신경念身經

소리 시리즈

하나　　지식과 지혜
둘　　소리 빗질, 마음 빗질
셋　　불교의 시작과 끝, 사성제 – 四聖諦의 짜임새
넷　　지금·여기 챙기기
다섯　　연기법으로 짓는 복농사
여섯　　참선과 중도
일곱　　참선과 팔정도
여덟　　중도, 이 시대의 길
아홉　　오계와 팔정도
열　　과학과 불법의 융합
열하나　　부처님 생애 이야기
열둘　　진·선·미와 탐·진·치
열셋　　우리 시대의 삼보三寶
열넷　　시간관과 현대의 고苦
　　– 시간관이 다르면 고苦의 질도 다르다
열다섯　　담마와 아비담마 – 종교 얘기를 곁들여서

열여섯 인도여행으로 본 계·정·해
열일곱 일상생활과 불교공부
열여덟 의意를 가진 존재, 사람 - 불교의 인간관
열아홉 바른 견해란 무엇인가 - 정견定見
스물 활성스님, 이 시대 불교를 말하다

법륜 시리즈

하나 부처님, 그분 - 생애와 가르침
둘 구도의 마음, 자유 - 까알라아마 경
셋 다르마빨라 - 불교중흥의 기수
넷 존재의 세 가지 속성 - 삼법인(무상·고·무아)
다섯 한 발은 풍진 속에 둔 채
- 현대인을 위한 불교의 가르침
여섯 옛 이야기 - 빠알리 주석서에서 모음
일곱 마음, 과연 무엇인가 - 불교의 심리학적 측면
여덟 자비관
아홉 다섯 가지 장애와 그 극복 방법
열 보시
열하나 죽음은 두려운 것인가
열둘 염수경 - 상응부 느낌편
열셋 우리는 어떤 과정을 통하여 다시 태어나는가
- 재생에 대한 아비담마적 해석
열넷 사리뿟따 이야기
열다섯 불교의 초석 - 사성제

열여섯　칠각지
열일곱　불교 - 과학시대의 종교
열여덟　팔정도
열아홉　마아라의 편지
스물　생태위기 - 그 해법에 대한 불교적 모색
스물하나　미래를 직시하며
스물둘　연기緣起

보리수잎 시리즈

하나　영원한 올챙이
둘　마음 길들이기
셋　세상에 무거운 짐, 삼독심
넷　새 시대인가, 말세인가 / 인과와 도덕적 책임
다섯　거룩한 마음가짐 - 사무량심
여섯　불교의 명상
일곱　미래의 종교, 불교
여덟　불교 이해의 정正과 사邪
아홉　관법 수행의 첫 걸음
열　업에서 헤어나는 길
열하나　띳사 스님과의 대화
열둘　어린이들에게 불교를 어떻게 가르칠 것인가
열셋　불교와 과학 / 불교의 매력
열넷　물소를 닮는 마음
열다섯　참 고향은 어디인가

열여섯 무아의 명상
열일곱 수행자의 길
열여덟 현대인과 불교명상
열아홉 자유의 맛
스물 삶을 대하는 태도들
스물하나 업과 윤회
스물둘 성지 순례의 길에서
스물셋 두려움과 슬픔을 느낄 때
스물넷 정근精勤
스물다섯 큰 합리주의
스물여섯 오계와 현대사회
스물일곱 경전에 나오는 비유담 몇 토막
스물여덟 불교 이해의 첫 걸음 / 불교와 대중
스물아홉 이 시대의 중도
서른 고苦에 어떻게 대응할 것인가
서른하나 빈 강변에서 홀로 부처를 만나다
서른둘 병상의 당신에게 감로수를 드립니다
서른셋 해탈의 이정표
서른넷 명상의 열매 / 마음챙김과 알아차림
서른다섯 불자의 참모습
서른여섯 사후세계의 갈림길
서른일곱 왜 불교인가
서른여덟 참된 길동무
서른아홉 스스로 만든 감옥

단행본

This translation was possible
by the courtesy of the Buddhist Publication Society
54, Sangharaja Mawatha
P.O.BOX 61
Kandy, Sri Lanka

법륜 · 여섯

옛 이야기

2019년 12월 30일 초판 1쇄 발행
2020년 2월 20일 3 판 1쇄 발행

출 처 빠알리 주석서
옮긴이 최윤정
펴낸이 하주락 · 변영섭
펴낸곳 (사)고요한소리
등록번호 제1-879호 1989. 2. 18.
주 소 서울시 종로구 인사동길 47-5 (우 03145)
연락처 전화 02-739-6328, 725-3408 팩스 02-723-9804
부산지부 051-513-6650 대구지부 053-755-6035
대전지부 042-488-1689
홈페이지 www.calmvoice.org
이메일 calmvs@hanmail.net

ISBN 978-89-85186-15-5

값 1000원